ÉLOGE

D'ADRIEN-MAURICE,

DUC

DE NOAILLES,

PAIR ET MARÉCHAL DE FRANCE, MORT A PARIS, EN 1766.

Hujus si virtuti par data esset fortuna, non illæ quidem major, sed multo illustrior, atque etiam honoratior. Cor. Nep.

A PARIS,

Chez VALADE, Libraire, rue S. Jacques, vis-à-vis la rue de la Parcheminerie.

M. DCC. LXX.

ELOGE

D'ADRIEN-MAURICE,

DUC

DE NOAILLES,

Pair & Maréchal de France, mort à Paris,
en 1766.

Pour fentir tout le prix d'un Grand-
homme, il faut l'être foi-même. Il eft
des Héros qui ne font tels qu'aux yeux
des Sages. Ils échappent à la multitude
qui ne pardonne jamais les mauvais fuccès, & pour laquelle ne pas vaincre,
eft toujours une faute, & fouvent même
un crime. Rome ne voyoit dans *Fabius*
qu'un Citoyen timide, qui n'ofoit point
la venger d'*Annibal.* Le Reftaurateur de
la République n'étoit apperçu à travers
fes manœuvres fupérieures à fes délais

fagement combinés , que par le petit nombre qui fe contentoit de l'admirer.

Tel a été parmi nous le fort d'un homme plus grand que célebre , qui l'ame des Confeils, fut tour-à-tour à la tête des Finances & des Armées, toujours le bienfaiteur de l'Etat , & dont la partie éclairée de l'Europe admira les talens , que la fortune ne favorifa pas toujours , mais qui méritoit toujours de vaincre. Adrien-Maurice , Duc de Noailles , ne jouit pas de toute fa gloire , aux yeux de la plupart de nos Concitoyens ; fes campagnes fçavantes , ouvrage du Génie , & digne de l'admiration de l'Univers , ont été confondues avec cette foule d'évenemens, que la même année voit naître & oublier. Ils ont été injuftes à fon égard , foit que l'intervalle immenfe qui les féparoit de ce Héros les ait empêchés de pénétrer jufques à lui , foit que nos autres Guerriers plus heureux , les aient accoutumés à n'admirer que des triomphes & des actions d'éclat. Pour acquitter autant qu'il eft en nous la dette de la Nation envers un homme qui l'a fi bien fervie , nous allons lui rappeller ce qu'il a fait pour elle. Nous emprun-terons les principes de Guerre, de Po-litique, de Finance du Maréchal lui-même, c'eſt la ſeule maniere de le bien louer.

Ce ſeroit au Comte de Saxe à venger la mémoire du Duc de Noailles, à nous développer les reſſources de ſon génie, la grandeur de ſes vues : mais il nous a déja appris ce que nous devions penſer, ſon ſuffrage doit être une loi pour nous, & pour la poſtérité. Un tel Diſciple étoit bien digne d'apprécier ſon Maître.

PREMIERE PARTIE.

L'enfance des Héros n'annonce pas toujours ce qu'ils doivent-être, ſoit que la Nature, d'elle-même, ne marche que lentement dans ſes productions ſublimes, ou plutôt que le vice de notre éducation, favoriſe cette lenteur & cette eſpece d'en-gourdiſſement. Graces aux ſoins d'un ver-tueux Pere, Adrien n'augmentera pas le nombre des grands-hommes dans leſquels des plaiſirs meurtriers ont retardé la mar-che rapide du génie, & ont enveloppé pour quelque tems le germe de la grandeur. La premiere chose qu'il apprend, est que ses Ayeux, en lui tranfmettant leur nom & leur fang, lui impofent la néceffité de leur reffembler. Son ame, fans ceffe occupée de foutenir ce pefant fardeau, n'attend pas pour fe déployer ces évènemens mémorables qui ébranlent la terre ; dès l'âge le plus tendre il fait efpérer que la France comptera un jour un Héros de plus.

Le Camp eft la premiere école des Guerriers, le grand art de vaincre ne s'apprend point au fein des villes & de la volupté, le courage fe glace, les corps s'ufent par la molleffe. Adrien ne confulte ni fon âge, ni fes forces, il entend la voix du Génie qui l'appelle au combat, il vole fe ranger fous les drapeaux de fon pere. Ne croyez pas que le tumulte des armes foit un fpectacle indifférent pour lui, déja la gloire l'échauffe, le pourfuit, lui fait éprouver cet afcendant, cet empire qu'elle exerce fur les ames fortes. La Bataille du *Ter*, gagnée à fes yeux, imprime à fon ame le defir brûlant de fe montrer digne éleve de fon Maître. Il fuit bientôt la fortune de cet homme sans faste, idole des soldats, digne rival d'*Eugene*, qui joignoit à la douceur, à l'intrépidité de *Henri IV*, son ayeul, cette présence d'esprit, ce coup-d'œil qui prévoit & saisit tout, cette activité qui ne laisse rien à faire. Le Génie qui anime *Vendôme*, semble s'emparer de l'ame de Noailles (rarement les exemples sont perdus). Si le jeune Guerrier ne peut encore s'élever au niveau du grand Capitaine, il a le courage de le prendre pour modéle, & la force d'aspirer à sa gloire.

La mort de *Charles II*, plongea l'Europe dans une Guerre meurtriere qui coutoit à la France son sang, sa gloire, & ses trésors ; aux plus brillantes prospérités, avoient succédé les plus étranges revers. Le nom de *Louis* perdoit cet éclat qui avoit toujours accompagné son regne ; & pour affermir le Trône de *Philippe*, il se vit sur le point d'être enseveli sous les ruines du sien. C'est dans ce tems de crise qu'Adrien est jugé digne de soutenir la fortune chancelante du Roi d'Espagne : il marche à la tête d'une petite armée contre cette Province fiere &

intrépide, entoufiafte de fa liberté, prefque toujours vaincue, mais toutours redoutable, qui du fein même de fes pertes & de fes défaites, femble prendre
de nouvelles forces. La Catalogne eft le
théâtre fur lequel il déploye ce génie
heureux, ces reffources inépuifables pour
la Guerre : changer de projets, en former de nouveaux fuivant les difpofitions
des ennemis, traverfer leurs deffeins,
arracher par la prudence ce qu'il n'ofe
fe promettre de fes forces, en impofer
par l'étendue & la hardieffe de fes vues,
faire fubfifter une armée dans un pays
déjà épuifé. Telles font les opérations
qui fignalent cette campagne.

L'Anglois, fier d'avoir abaiffé *Louis*
XIV, venoit encore arracher à fon petit-
fils le fceptre que le teftament de Charles
& la voix des Peuples lui avoient donné.
Pendant qu'il prodigue fon fang & fes
tréfors en Efpagne, pour fermer les barrieres du trône à la famille des Bourbons, fes vaiffeaux couvrent les Mers,
font divifion au Port de *Cette.* Adrien,
plus fenfible à la gloire de couvrir fa
Patrie, qu'à celle de pourfuivre des con-

quêtes, abandonne la Catalogne, vole à l'ennemi, le brave, l'attaque avec cette impétuofité qui caractérife la Nation ; le nombre recule devant la bravoure, & la flotte étonnée admire un Héros qui anéantit fes efforts.

Un grand homme, dit un célebre Romain, compte toujours n'avoir rien fait, tant qu'il refte des ennemis à vaincre. Adrien revole au fecours de Philippe. Gironne, Place importante, nourriffoit la fierté, foutenoit l'efpoir des Catalans rebelles, & balançoit les fuccès de nos Armées. Mais Noailles, acccoutumé à joindre une profonde théorie à la pratique, inftruit dans l'art d'exécuter rapidement un projet, comme dans celui de le favoir différer à propos, a tout prévû. Déjà la Place eft invaftie, le canon foudroye les rampacts, la Nature a beau combattre pour nos ennemis, les obftacles ne font qu'irriter & redoubler le courage du Général ; le Soldat, animé par fon exemple, ne voit point de danger, il s'ouvre un paffage à travers des barrieres que les inondations fembloient avoir affermies, il pénetre & dévore d'avance les dépouilles des Citoyens mal-heureux & coupables : *Arrête, barbare, s'écrie Adrien, il est beau de vaincre ; mais il l'est encore davantage de pardonner.* Le Trône d'Espagne est enfin assuré à un Enfant de France, & le calme rendu à l'Europe.

Pour un Militaire qui n'est que brave, la paix est un tems de repos & d'oisiveté, hors du combat il ne fait plus agir. Le Génie qui dans un jour d'action le porte au-delà des bornes du devoir, semble alors l'abandonner ; toutes les vertus du Héros disparoissent & les foiblesses de l'homme se montrent. Adrien nous offre un spectacle bien différent, semblable à ce Romain qui ne se croyoit jamais moins seul, que lorsqu'il étoit seul, il ne paroît quitter les armes que pour s'occuper des moyens de les reprendre un jour avec plus de gloire. Tous ses momens font des momens précieux ; il fent qu'il doit à l'Etat tout le bien qu'il peut lui faire. Il faifit le tems où la haine des Nations est assoupie, pour se replier sur le passé, comparer les événemens, étu-dier les grands-hommes, profiter de leurs

fautes comme de leurs lumieres, remon-
ter aux principes de l'Art Militaire, en
suivre les progrès, entrer dans tous ses
détails, combiner les rapports qu'ils ont
entr'eux, chercher les causes qui l'ont
rendu aujourd'hui si compliqué & si
difficile, acquérir cette prudence con-
sommée que nous verrons toujours mar-
cher en lui d'un pas égal avec le zele &
le courage : c'est ce qu'on appelle les
loisirs d'un Grand-homme.

La mort du Roi de Pologne trouble
une paix de vingt ans. Pourquoi faut-il
que l'histoire soit presque toujours des-
tinée à rappeller les crimes & les injus-
tices des Princes, à retracer les malheurs
des hommes ? Deux Puissances disputent
à un peuple libre le plus beau de ses
priviléges, celui de se donner un Pro-
tecteur à son gré ; on insulte au choix
des Polonois, & à Louis dans la per-
sonne de Stanislas. Le Gendre devient
l'appui du Beau-pere. La gloire d'un Roi
est de venger les Rois opprimés. L'em-
brasement de la guerre se répand dans la
plus belle partie de l'Europe. Nos armes
sont portées en Allemagne. Berwcik sou-

A vj

tenu du courage de Noailles, force l'ennemi aux lignes de l'Etlinguen, affiége
Philisbourg, où il trouve la mort & la
gloire ; la perte du Général afflige la
France fans l'allarmer. Adrien a fixé les
regards & mérité la confiance de fon
Prince, il va juftifier fon choix. Nous
ne le fuivrons point le refte de cette
Campagne à la tête des Armées du haut
& bas Rhin, ce qui feroit la gloire d'un
homme ordinaire, ne donne qu'un foible
luftre à celle d'un Héros.

L'année fuivante le voit commander
nos Troupes en Italie, où il a l'ennemi
à combattre, & à concilier des Cours
toujours prêtes à fe défunir. Aux difficultés de la guerre, fe joignent tous les obftacles de la politique ; un homme qui
n'eût fçu que combattre, n'eût été que
dangereux. Cependant tout s'applanit
fous les pas du Maréchal, les motifs de
divifion s'évanouiffent, nos Alliés com-
prennent que leurs intérêts ne peuvent
être féparés des nôtres, & que celui de
tous eft de forcer l'ennemi à évacuer
l'Italie.

Ce qu'il y a de furprenant ; & ce dont

la poſtérité, plus juſtes que nous, lui ſçaura gré, il termine la guerre à l'avantage & à la gloire de la Nation ſans verſer du ſang ; mais tel eſt le fort des grands - hommes, on les blâme ſouvent du mal qu'ils ne font pas ; car nous ne diſſimulerons point que l'on fit un crime au Duc de Noailles d'avoir épargné la vie des hommes, d'avoir remporté des victoires ſans combattre ; comme ſi le but de la guerre étoit uniquement l'effuſion du ſang ; comme s'il étoit moins glorieux de vaincre par la prudence que par la force ; comme ſi l'homme le plus humain n'étoit pas en même tems le plus grand. Nous jouîmes de la paix & de ſes avantages, nous oubliâmes celui qui avoit travaillé à nous la procurer. Peut-être aurions-nous été plus reconnoiſſans ſi elle nous eût couté davantage.

Les Empires ſont comme la Mer, ils ne jouiſſent pas long-temps du calme. Charles VI meurt, & replonge l'Europe dans ces diſſentions barbares qui l'affligent preſque ſans ceſſe. La France ſe rappellera long-temps les revers qui ſuccéderent rapidement à fes premiers fuccès en Bohême.

Nos Troupes tranfplantées fous un ciel étranger, au milieu d'un Peuple que fa haine contre nous, encore plus que fa bravoure, rendoit redoutable, fe détruifent infenfiblement d'elles-mêmes. La difette, la rigueur des faifons moiffonnent ce que le fer de l'ennemi épargne ; le Maréchal de Noailles avoit prévu nos défaftres, il avoit ofé les repréfenter, car il aimoit fa patrie ; mais on ne le crut que lorfque l'événement l'eût juftifié. Cependant il ne s'agit plus de favoir s'il a calculé jufte, nos maux demandent un prompt remede. On le choifit pour refermer les plaies de l'Etat. Il part à la tête d'une Armée formée des débris de plufieurs autres.

Il faut juger les hommes par les obftacles, & mefurer notre eftime autant fur la difficulté des entreprifes, que fur les fuccès ; c'eft le feul moyen de ne point deshonorer les cendres d'un Héros par de fauffes louanges. Le Maréchal arrivé dans la baffe Alface, trouve tout dans le plus grand défordre. Des fortifications dé-

molies ou prêtes à s'écrouler, des frontieres ouvertes & fans défenfe, des Troupes dont il falloit également ranimer le
courage & réprimer la licence. Il fe voit
dans un pays neutre, où les égards pour
la neutralité peuvent à tout moment re-
tarder les opérations de la guerre, envi-
ronné d'efpions payés pour le trahir, har-
celé par une Armée plus forte en nombre,
que ni les fuccès, ni les revers n'ont point
affoiblie; mais fon génie voit les dangers
fans en être effrayé : fes manœuvres fupérieures vont apprendre à l'Europe,
qu'un grand homme eft au-deffus des obftacles mêmes. Camper & décamper à propos, fe conferver une communication
libre avec les places d'où l'on tire les fub-
fiftances pour fon Armée, couvrir fon
pays, ne laiffer échapper aucune occafion
de donner de la jaloufie aux ennemis, les
fuivre pas à pas dans leurs marches, fe
dérober à eux dans le tems qu'ils font le
plus intéreffés à nous découvrir, fe cacher à fes propres Troupes, préparer aux
uns des piéges, les y conduire infenfiblement, fans le leur laiffer appercevoir,
ménager aux autres des furprifes heureu-

ſes, les conduire à la victoire ſans qu'elles s'en doutent, tirer toutes les reſſources de l'art & du terrein; voilà le chef-d'œuvre de la guerre, & c'eſt ce que fit le Maréchal de Noailles. Nous n'avançons rien qui ne ſoit avoué de tous ceux qui ſervirent dans cette campagne mémorable.

D'autres que nous traceroient ici le plan de la bataille d'Ettinguen, feroient voir comment le Maréchal de Noailles faiſit tous les momens favorables, & tous les poſtes avantageux; comment, par ſa vigilance, il ſçut tromper l'Armée ennemie, la blocquer, la réduire à la plus affreuſe diſette; comment il prévit à ce qu'elle ne pût reſter dans l'inaction, ſans ſe conſumer, ni combattre, ſans s'expoſer à une deſtruction entiere; mais les hommes ne ſont point touchés d'une entrepriſe que les ſuccès n'ont point couronnée: elle méritoit de l'être; elle ne l'a pas été, c'eſt un prétexte qui leur épargne l'humiliation d'applaudir à l'ouvrage d'un grand homme. Le ſort de cette journée fut comme celui de bien d'autres, où l'on verſe beaucoup de fang de part & d'autre, fans atteindre le but de la guerre; c'étoit pour les François une victoire enlevée plutôt qu'une bataille perdue.

Les Troupes de Baviere s'étant réunies à celles du Maréchal, il pourfuit la campagne avec la même fupériorité de génie, fe pofte dans des lieux d'où il peut, fans divifer nos forces, en impofer à deux Armées.

N'oublions pas qu'il fut le premier à démêler & à faire valoir les talens de cet Etranger célebre, qui fixé parmi nous, devint l'honneur & l'appui de la France; c'eft le plus beau trait de fa vie. Il falloit être le Maréchal de Noailles pour hâter la fortune d'un homme qui lui difputoit la gloire des armes; mais l'envie n'a point de prife fur les grandes ames, elles s'oublient pour le bien de l'état : c'eft le vice d'un vil & méprifable Courtifan, d'envier la récompenfe du mérite & le prix des travaux.

Pendant que le Héros de la Saxe couvroit nos Provinces, Adrien fecondoit la fortune de Louis à la tête de fes Armées. *Ypres*, *Furnes*, *Menin*, la *Kenoque*, font déjà au pouvoir du Monarque François. L'Ennemi effrayé de la rapidité de nos conquêtes, fe prépare à en arrêter le cours par une diverfion auffi hardie qu'elle étoit glorieufe. Le Maréchal de Noailles toujours fous les ordres de fon augufte Maître, vole en Alface, relève, raffure les courages abattus. Tandis que l'efpérance renaît, le ciel frappe la France par l'endroit le plus fenfible, on touche au moment où fon Roi victorieux va lui être enlevé. Elle oublie les dangers qui la menacent, pour ne s'occuper que de fa douleur. Nous éprouvons un plaifir fecret à rappeller des larmes fi glorieufes aux Sujets & au Monarque ; fans doute qu'elles ferviront de leçons aux Princes. Un peuple qui fait ainfi aimer fes Maîtres, eft bien digne d'en avoir de bons.

Adrien s'arrache à la préfence de fon Roi expirant, accourt à l'Ennemi, & répare les brêches que nos frontieres avoient déjà reçues. Cependant Louis eft rendu à la vie & à la France, il reparoît fur le théâtre de la gloire, fe rend maître de Fribourg, revient couvert de lauriers fé montrer à fon peuple. Nous ne parlerons

point de la campagne fuivante, on a
déjà célébré la journée de Fontenoi, &
quel François jaloux de la gloire de fon
pays, peut prononcer ce nom fans atten-
driffement ? Le Maréchal de Noailles y
accompagna Louis, & l'on fait qu'il eut
part au gain de cette bataille. Ici finiffent
fes travaux militaires, mais ce n'eft qu'une
partie de fon éloge ; nous tracerons un
tableau rapide de fes négociations, de fes
vues profondes fur l'adminiftration & fur
les finances. Il n'y a pas moins de gloire
à concilier les intérêts des Princes, à faire
circuler l'abondance dans un Etat, à travailler au bonheur des hommes, qu'à
défendre fon pays de l'Etranger. Sully
me paroît moins grand fur le champ de
bataille, prodiguant fon fang à côté de
Henri IV, fon ami & fon Roi, que Sully
occupé à déceler les fraudes & les injuf-
tices des Traitans, à fermer les plaies de
l'Etat.

Le Duc de Noailles a eu le triple avantage de fervir fa Patrie, en qualité de
Guerrier, de Négociateur & de Miniftre ;
il a plus de droit à nos hommages & à
notre reconnoiffance.

SECONDE PARTIE.

La Face de l'Europe à changé ; il s'eſt fait une révolution dans les Gouvernemens, comme dans les mœurs & dans les eſprits. A meſure que les Sciences ont fait des progrès parmi les hommes, la politique a eu la plus grande influence ſur les affaires. Ce n'eſt pas la force ni la bravoure, qui décident aujourd'hui du ſort des Etats. Souvent un trait de plume fait plus qu'une guerre de vingt ans, & l'on ceſſe d'être ſurpris qu'un homme du fond de ſon cabinet, imprime le mouvement aux reſſorts cachés des Empires, donne la loi, le repos au monde, ou l'ébranle à ſon gré.

Ce n'eſt pas que les paſſions ne menent encore les Princes comme elles les ont menés dans tous les tems, (la raiſon ſera toujours conſultée la derniere) mais l'on a étudié l'art de les maîtriſer, on connoît des reſſources contr'elles. Ce changement n'échappa point au Maréchal de Noailles. Dans un âge où les autres hommes ne connoiſſent que des amuſemens frivoles, il interrogeoit les ſiecles, parcouroit les faſtes des Nations ; l'étude de l'homme, ſi utile pour quiconque même ne feroit pas deſtiné à gouverner les autres, feſoit ſes plus cheres délices. Son génie, ſon goût pour ces entrepri-ſes, qui demandent de la ſagacité & de la ſoupleſſe, perçoient à travers toutes ſes démarches. Louis XIV s'en apperçut ; un grand homme en démêle toujours un au-tre, & le Monarque fit valoir les talens du Sujet. Philippe V, alloit recueillir ſon riche héritage, mais il ne lui étoit point encore aſſuré ; il l'attendoit de la fidélité, de la conſtance du peuple dont il avoit fixé les vœux. Il importoit à notre Cour de démêler les menées ſecrettes de celle d'Eſpagne ; elle devoit diriger ſes démar-ches, dreſſer ſon plan de conduite ſur cette connoiſſance. Louis attacha Noailles à la fortune de Philipe, le fit dépoſitaire des ſecrets de l'Etat, & ne tarda pas long-tems à s'applaudir de ſon choix. Les vieux Courtiſans & les Miniſtres d'Eſpa-gne, ne voyent dans le jeune Etranger, qu'un homme aimable, fait pour les plai-ſirs & la ſociété ; le politique ſe dérobe à eux. Tandis qu'ils ſe livrent avec cette

confiance qui ne soupçonne aucun ombrage, Noailles étudie leur génie, saisit
leur caractere, sonde leurs dispositions,
captive la bienveillance de la Nation Es-
pagnole, fortifie son attachement pour le
Prince qu'elle a réclamé, nourrit sa haine
contre nos Ennemis, serre les nœuds de
la plus étroite amitié entre l'Espagne & la
France. Rappellé à notre Cour, il trace
un portrait fidele de cette Nation qui
nous étoit encore inconnue, parce qu'elle
ne se laisse pas facilement deviner.

Les affaires changent bientôt de face.
Louis forcé par les revers, de détruire en
quelque sorte son propre ouvrage, abandonne Philippe. Toute la fortune de l'Enfant de France est déposée entre les mains
de Noailles; j'aime à me peindre ce jeune
Héros, portant ses vues au-delà de la
sphere étroite du présent, aspirant à la
gloire de souténir un Trône presque ren-
versé, calculant nos forces & celles des
Ennemis, trouvant des ressources là où
l'on ne voit que des dangers, représen-
tant la haine de l'Espagne pour la Maison
d'Autriche, comme un obstacle propre à
fermer les barrieres du Trône à l'Archi-

duc Charles ; donnant à notre Cour l'exemple d'un sujet qui ne veut point tremper dans la honte d'avoir abandonné le sang de ses Princes, la forçant par l'ascendant qu'il prend sur elle, à revenir d'une démarche flétrissante pour la Nation, & à travailler à l'affermissement des droits de Philippe.

Un homme qui commençoit ainsi dans la carriere des négociations, devoit un jour y faire de grands progrès. Un véritable Politique, n'est pas l'ouvrage de la nature seule. Elle ne fait que l'ébaucher ; l'étude, la réflexion, l'achevent. Dépositaire des secrets de l'Etat, le Négociateur ne doit rien abandonner au hazard. Son devoir est de connoître à fond les intérêts des Princes, de les discuter avec cette impartialité qui en impose, & cette modération qui inspire la confiance. D'observer les Ministres des Cours Etrangeres, de les suivre dans leurs marches, de ne se découvrir à eux qu'autant qu'il le faut pour ne point donner de l'ombrage, d'entrer dans leurs vues, s'il n'y a pas d'autre voie de les plier à celles du Prince qu'il représente ; de lever les obstacles

qui pourroient les croiſer, de faire reſ-
peƈter ſa Nation, en la rendant redoutable.

Perſonne ne connut mieux ces reſſorts
que le Maréchal de Noailles, perſonne
ne ſut mieux l'art de les faire jouer à la
gloire de ſon Prince & à l'avantage de ſa
Patrie. Je me hâte d'arriver aux époques
qui ont le plus ſignalé le génie de ce grand
homme.

La guerre terminée en Italie; les diſſentions duroient encore. L'intérêt, ce mo-
bile des Rois comme des peuples, nour-
riſſoit un feu dont les étincelles auroient
pu embraſer l'Europe. Il ne s'agiſſoit plus
d'affermir la Couronne de Pologne ſur la
tête de Staniſlas, ce Prince avoit ſacrifié
ſes droits au repos de la terre ; mais l'on
ſe diſputoit les dépouilles d'une Province :
quelques contributions levées ſur la
Lombardie, avoient excité la cupidité
des Princes ; c'étoit une proie dont cha-
cun d'eux vouloit avoir ſa part. Le Maréchal de Noailles, déjà connu par ſon
habileté à manier les eſprits, à ménager
les caraƈteres, venoit de déployer dans
cette même guerre, les talens les plus

brillans pour la politique. Louis XV jette
les yeux sur lui. Il est choisi pour calmer
une querelle dont les peuples auroient
payé les suites, quoique la honte en fut
retombée sur les Rois. Ainsi revêtu des
pouvoirs de son Maître, instruit de ses
volontés, il paroît comme un Juge équi-
table, qui la balance de la justice en
main, pese les droits, discute les intérêts
des Particuliers. Les passions si ingénieu-
ses à faire naitre des obstacles, sont for-
cées au silence, & l'Europe apprend que
le fort de la France est de vaincre également par le génie, l'équité, comme par
les armes.

Un homme tel que le Maréchal, ne
dut point ses succès aux ruses, aux artifi-
ces ; seules ressources des génies étroits.
Une ame noble & élevée, un cœur droit,
des manieres faciles & insinuantes, un
esprit juste qui saisit les choses sous leur
véritable point de vue, une éloquence
mâle & solide, qui sait les présenter de
même ; voilà les armes puissantes qu'il
oppose, & avec lesquelles il triomphe.

Poursuivons une carriere si glorieuse.
L'Angleterre, la Hollande & la Savoie,

avoient réuni leurs forces à celles de l'Allemagne, pour accabler Louis. La France, sous le plus pacifique des Rois, vit encore l'Europe conjurée contr'elle; Frédéric, notre ancien allié, venoit de faire sa paix. La politique de Vienne avoit su endormir ce lion redoutable, & nous enlever le plus ferme appui qui nous restât. Pendant que l'on s'épuisoit a imaginer ou créer des ressources, le Maréchal de Noailles réveille l'attention, fomente la haine du Héros de la Prusse, & l'enchaîne pour la seconde fois à 'a fortune de la France. L'on fera attention que le Ministere n'eut besoin que d'achever ce grand ouvrage, Noailles l'avoit déjà commencé de son propre mouvement. Nous rappellons un trait si précieux à sa mémoire ! Rien de ce qui peut intéresser la gloire d'un Héros, ne doit périr dans l'oubli; sa vie fera la leçon du monde, & le premier devoir des hommes, est d'être justes. Cette négociation eut tout le succès qu'on pouvoit s'en promettre. Frédéric attaque l'Autriche, & Louis fait la conquête de la Flandres.

Pourquoi les liens du sang & de la nature

ture entre les Princes, ne font-ils pas des gages affurés de la paix pour les peuples? Et pourquoi les paffions fermentent-elles parmi les proches comme parmi les Etrangers? Dans le tems que nos armes donnoient de violentes fecouffes à l'Allemagne, l'orage commençoit à fe former à la Cour de Madrid ; les Bourbons étoient fur le point de fe déchirer. Le Duc de Noailles, par la connoiffance qu'il avoit des intérêts des deux couronnes, fembloit avoit acquis le droit de les concilier. Il offre de paffer en Efpagne, & d'épargner aux deux Puiffances la honte d'une rupture ouverte. Philippe qui cultivoit fur le Trône les vertus d'un Particulier, vit dans le Maréchal, plutôt un ami, un bienfaiteur, que le député d'un Roi. Le tendre reffouvenir du paffé, ouvrit une voie facile à la réconciliation ; les Miniftres, le peuple, crurent entendre l'oracle de la juftice & de la paix. Tous les nuages fe diffiperent, l'on vit que les hommes ne font pas infenfibles à la droiture, à la probité, & que le moyen de prendre un véritable afcendant fur eux, eſt de les convaincre qu’on eſt incapable de les tromper.

Nous n’entrerons pas dans de plus longs détails ſur les négociations du Maréchal; c’eſt à l’Hiſtoire à conſacrer tous les exemples qui doivent ſervir de leçons à la poſtérité.

TROISIEME PARTIE.

La mort du plus grand des Rois, fut l’époque de la plus profonde miſere, & d’un relâchement total dans les nerfs de l’Etat. Il regnoit dans toutes les parties de l’adminiſtration, un déſordre extrême. La circulation étoit entiérement arrêtée, la confiance perdue, le commerce anéanti. Les campagnes ruinées manquoient de bras, nos ports offroient à peine quelques débris de cette Marine floriſſante, qui avoit diſputé à la fierté Angloiſe, l’empire des Mers. Telle eſt la deſtinée des Etats puiſſans, la guerre leur donne les premieres ſecouſſes, & les ennemis qu’ils nourriſſent dans leur ſein, achevent de les culbuter; comme ces chênes robuſtes qu’un violent orage ébranle d’a-

bord , & que des infectes rongent, dé-
vorent & renverfent infenfiblement. La
France avoit réfifté à l'Europe , elle alloit fuccomber aux fourdes menées des
traitans. Le Miniftere de Louis XIV , leur
avoit vendu la Nation , autant pour foutenir le fafte d'un Maître qui prodiguoit
tout , que pour repouffer les efforts des
peuples aigris contre lui. Engraiffées du
malheur public , ces ames mercenaires in-
fultoient par leur luxe , au fang de la No-
bleffe qui avoit défendu la patrie , & aux
larmes du cultivateur qui l'avoit nour-
rie. Ces réflexions font un hommage rendu à la vérité ; quiconque craint de l'ho-
norer , eft indigne d'écrire.

Le précieux rejetton de Louis , ne pouvoit encore foutenir le fardeau immenfe
de la Royauté : un Prince de fon fang
avoit pris les rênes du Gouvernement.
Philippe joignoit à une grande connoiffance des affaires , à un goût délicat pour
les arts & les plaifirs , le talent encore
plus rare de connoitre les hommes. Parmi
cette foule de Courtifans , qui cherchoient
à mêler leur fortune à celle de la France ,
il diftingue Adrien , l'affocie à fes travaux

& au grand ouvrage du rétabliſſement des finances. Le Duc de Noailles eſt ſenſible à ces marques flatteuſes de confiance, mais un motif plus noble, le bien de ſa patrie, vient l'animer. L'ambitieux court après les honneurs. Le citoyen ambitionne la gloire d'être utile.

La nature des maux de l'Etat demandoit une ame forte qui ſût braver les obſtacles, & ſacrifier à l'utile ce qui ne pouvoit avoir que de l'éclat, un génie pénétrant qui remontât à la ſource de tout, qui vit dans les principes les conſéquences les plus éloignées, qui imaginât des remedes, & ce qui eſt plus difficile encore, les moyens de les appliquer ; un eſprit infatigable qui ne ſe refuſât à aucun détail, un cœur généreux, qui fît le bien par le ſeul plaiſir de le faire, & s'oubliât pour la gloire du Prince & l'intérêt du Peuple.

Aucune de ces qualités n'eſt étrangere au Duc de Noailles. Parcourons les tems orageux de la Régence, nous verrons les traces du grand homme par-tout imprimées, rappeller ſes travaux, c'eſt élever à ſa mémoire le monument le plus beau, & en même tems le plus durable.

Colbert, le modele des Miniſtres, avoit porté dans le ſyſtême des Finances, les mêmes lumieres que le ſiécle de Louis venoit de répandre dans la Philoſophie, & dans tous les Arts ; cependant il n'avoit pu établir un impôt qui fît connoître à fond les revenus du Royaume, la qualité des terres, le produit des denrées, le rapport qu'il y a entre les revenus & les impoſitions, le nombre des habitans, le commerce de chaque Province. La France dans un ſiécle éclairé, gémiſſoit ſous la tyrannie de la taille arbitraire ; les malheureux portoient ſeuls le fardeau de l'Etat. Le Duc de Noailles ſaiſit des premiers tous les avantages d'un projet qui aſſure à chaque Citoyen ſes biens fonds, ſa fortune, & regle ſur eux ce qu'il doit à ſon Prince ; il porte au Conſeil de Philippe les vœux de la Nation, on examine le plan, on l'adopte, & le Citoyen s'applaudit du nouveau bienfait rendu à ſa Patrie.

Les criſes violentes où ſe trouva Louis XIV, ſur les derniers tems de ſon régne, avoient forcé ce Prince à faire des aliénations ſans nombre ſur l'Etat ; reſſources passageres, & qui engloutiſſent pour des ſiécles les revenus du Royaume. On avoit eu recours à des traités extraordinaires, eſpece de ſouterrains où la cupidité effrénée des Partiſans ne manque pas de ſe cacher, & par où elle mine à petit bruit les Empires. Des Charges de toutes eſpeces venoient d'être créées, & la France ſe vit inondée d'une foule d'ames mercénaires qui crurent avoir acheté le droit de vivre aux dépens de la Nation, ſans contribuer aux charges publiques, & qui partagerent avec les plus anciennes Familles des Priviléges qui n'étoient faits que pour elles; delà, ces fortunes monſtrueuſes qui aigrirent le Peuple & le ſouleverent contre les auteurs de ſa miſere. Des ſuites auſſi dangéreuſes n'échappent point au Duc de Noailles, (nous ne faiſons que retracer ici les vues qu'il a laiſſées dans ſes écrits,) il repréſente, avec toute la force d'un homme perſuadé, que le ſeul moyen de prévenir la ruine totale de la France eſt de commencer par éteindre, à l'exemple du grand *Sully*, les créances ſur le Prince, par faire regorger les gens d'affaires, rendre aux profeſſions utiles les bras que les préjugés & la mauvaise administration leur ont enlevés, & par rétablir la véritable Noblesse dans les droits qu'elle a perdus.

Les vœux de ce grand homme ne sont pas tous remplis. Il est des circonstances où le mal est inévitable ; cependant la confusion disparoît, l'état prend une face nouvelle, ceux qui ont dépouillé la Nation sont dépouillés à leur tour ; on augmente les revenus du Prince, en soulageant le Peuple ; on supprime les Offices nouvellement créés, il ne reste au Riche que la honte d'avoir renoncé au droit qu'il avoit d'être utile.

Les Constitutions sur l'Etat, les Traités extraordinaires, la multiplicité des Charges nouvelles, ne furent pas les seules causes des maux dont la France étoit affligée : toutes les parties de la finance étoient livrées à un brigandage perpétuel ; les canaux même destinés à transporter les revenus de l'Etat les engloutissoient pour des années entieres. La soif insatiable des richesses avoit imaginé les voies les plus obliques, pour ruiner le Peuple & anéantir les ressources du Souverain :

B iv

le Duc de Noailles dévoile ces abus ; le Confeil de la Régence en eft irrité , on pourfuit les coupables , on met un frein à la rapacité des Receveurs ; ils font forcés à regarder les deniers royaux comme un dépôt facré auquel on ne peut toucher fans crime.

La révocation de l'Edit de Nantes fe réuniffoit à toutes ces caufes , & avoit fait à l'Etat une playe que les tems n'ont pu encore fermer ; c'eft une réflexion du Duc de Noailles , (elle ne doit allarmer perfonne , nous le confidérons ici comme politique). L'omme d'Etat connoiffoit trop les véritables intérets de la Nation , pour ne pas fentir la perte qu'elle avoit faite par l'émigration forcée de tant de Citoyens utiles qui porterent chez l'Etranger nos richeffes , nos arts , & une haine implacable contre leur ancienne Patrie. Le mal étoit fans remede , mais il étoit utile de ne pas l'ignorer : la connoiffance de nos fautes paffées peut nous rendre fages pour l'avenir.

Un Etranger , grand calculateur, d'une imagination vafte , fécond en projet, qui ofoit tout entreprendre , parce qu'il n'avoit rien à risquer, ne pouvoit manquer de plaire à une Nation, amie du merveilleux & de la nouveauté. Il bâtit un système qui enivre & les Grands & le Peuple.

Le Duc de Noailles le juge en homme qui en connoît les dangers; il éleve sa voix contre l'ivresse publique ; mais telle est la foiblesse humaine, on ne peut faire revivre les bienfaits des grands hommes, sans presque toujours rappeller des ingrats qui les ont méconnus ; l'Ecossois triomphe, le Patriote lui est sacrifié, & va couler dans la retraite des jours qui devoient être si précieux à la France; le Duc de Noailles ne perd rien de son éclat dans l'exil; la grandeur du Sage n'est point une grandeur empruntée, elle est toute à lui ; elle l'accompagne dans les revers comme dans la fortune, dans les fers comme sur le trône. J'admire plus Marius, cherchant une retraite dans les marais d'Afrique, survivant par son courage à tous ses malheurs, que Marius, Consul de Rome, vainqueur des Cimbres & des Teutons.

Cependant le Peuple inconstant, renverse l'idole qu'il vient d'élever ; Law, chargé de l'exécration publique, abandonne le pays qu'il a ruiné, Athenes reconnoît fa faute ; on rappelle Ariftide. Dès-lors, la vie du Duc de Noailles n'eft plus qu'une fuite non interrompue de fervices rendus à la Patrie ; quand il ceffe de la fervir par fon bras, il la dirige par fes confeils , jufqu'au dernier moment il fait des vœux pour Elle.

Il ne nous eft pas permis de lever le voile fur tout ce qu'il a propofé dans les confeils pour le bien de l'Etat ; fes vues n'ont pas été auffi utiles qu'elles auroient pu l'être , parce que les Sages ne font pas toujours écoutés. La plus grande partie de la France fait, que le Maréchal de Noailles, âgé de foixante dix-huit ans, traça le plan que l'on fuivit dans les commencemens de la derniere guerre. Un combat naval gagné ; la prife de Minorque , faifoient déjà préfager ce que l'on devoit attendre du rétabliffement de la Marine ; mais d'autres idées contrebalancerent les fiennes , on négligea les forces de mer pour celles de terre. Dès ce moment ce fage Citoyen , plus affligé des défaftres de fa Patrie que des difficultés qu'il n'avoit pu vaincre , renferme fa douleur au dedans de lui-même , & fonge à finir fa carriere hors du tumulte du monde, & de l'embarras des affaires. Dépouillé de tout ce qui pouvoit l'attacher à la Cour, il vient étonner la Capitale de fes vertus.

Nous avons vu l'homme public, à la tête des armées, dans les négociations au Miniftere ; contemplons un moment le Sçavant, l'Homme privé, le Sage, le Philofophe Chrétien, ce tableau de fa vie ne fera pas le moins touchant.

Tous les hommes ne font pas deftinés à régir les Etats, mais tous font nés pour être vertueux, & malheur à l'ame qui eft infenfible aux charmes des vertus pacifiques.

Le Maréchal eut des ennemis, pourquoi crindrions-nous de le dire ; c'eft le fort des hommes fupérieurs : mais il étoit affez grand pour pardonner aux petites ames cette foibleffe, & pour ne pas s'en affliger. L'humanité, ce fentiment fi répété dans nos écrits , célébré par toutes les bouches, mais fi rare dans nos actions, fut une des vertus du Maréchal ; le Soldat étoit un homme pour lui ; il y portoit même une certaine délicateſſe ; en obligeant , il craignoit toujours d'humilier les malheureux. Le luxe & le faſte qui achevent d'aggraver les chaînes des Grands , n'approcherent jamais de ſon ame , ſimple dans ſes mœurs comme dans ſes diſcours ; il dédaigna tout autre ornement que celui de ſes talens & de ſes vertus. Le mérite avoit des reſſources aſſurées auprès de lui ; il n'attendoit pas qu'il ſollicitât, il le prévenoit, le déterroit ſouvent , & l'honoroit toujours ; avare du tems , il recueillit tous les inſtans d'une vie qui s'écoule ſi rapidement , & n'eut point à regretter des jours plongés dans la molleſſe , perdus dans les intrigues. Je ne le louerai pas de n'avoir jamais fait ſa cour que par ſes devoirs ; une grande ame ſe doit à elle-même ces égards, mais ſçachons lui gré d'avoir donné un exemple ſi rare.

Sa mort fut celle d'un Sage , la fin de l'homme juſte n'a rien que de conſolant ; la Religion couronna toutes ſes vertus. C'eſt là le plus bel éloge , & ce qui peut nous conſoler de l'avoir perdu.

Puiſſe , ce foible hommage , devenir

l'interprête des fentimens de la Nation, puiffe-t-il rendre à la mémoire du grand homme ce que l'envie ou l'ignorance lui ont difputé ; puiffions-nous, nous dire à nous-mêmes un Sage, un Héros vivoit parmi-nous, & nous l'avons méconnu.

PRÉCIS.

*De la vie d'*Adrien-Maurice, *Duc de Noailles, Pair & Maréchal de France, Chevalier des Ordres du Roi, & de la Toifon d'or, Grand d'Efpagne de la premiere Claffe, premier Capitaine des Gardes du Corps, Gouverneur de Rouffillon, Conflans, Cerdaigne, &c. pour fervir de Notes à l'Eloge.*

LES louanges font devenues fufpectes, parce qu'on les a prodiguées. Quelques Ecrivains mercenaires & fans pudeur, ont voulu faire revivre des cendres, que la voix publique avoit déjà condamnées à un éternel oubli, & donner un luftre à des hommes dont la mort auroit du être regardée comme un bienfait du Ciel, puifque leur vie avoit été l'opprobre de la terre. Nous ne craignons point ce reproche. Les monumens que nous éle-

vons à la mémoire immortelle du Duc de Noailles
font tous atteftés dans les faftes de la Nation. Ce
font des faits que nous expofons aux yeux du Public, & c'eft fur les faits qu'il faut juger les Héros.
Nous fuivrons dans ce Précis l'ordre des tems que
nous n'avons point gardé dans le cours de l'Eloge.

Adrien-Maurice, Duc de Noailles, naquit le
26 Septembre 1678, d'Anne-Jules, Duc de Noailles, Pair & Maréchal de France. Les plaifirs n'af-
fiégerent point fon enfance ; on commença par cultiver en lui mille qualités, qui s'emprefferent d'é-
clore ; fa famille n'avoit pas le préjugé de croire que
l'ignorance fût un titre honorable, elle lui fit un
devoir de l'étude. Cette époque de fa vie fera la
moins imitée.

Dès l'âge de quinze ans, il porta les armes en
Catalogne fous fon pere, qui étoit bien digne
d'être fon maître. La premiere leçon que reçut le
Difciple, fut un trophée élevé fur les rives du *Ter*. Il
paffa enfuite à l'école du fameux Vendôme, qui prit
foin de former un Héros pour le fiécle de Louis XV.

Philippe V alloit regner en Efpagne ; notre Cour
étoit intéreffée à connoître les difpofitions des Efpa-
gnols pour leur nouveau Roi. Louis XIV, qui fe
connoiffoit en hommes, jetta les yeux fur le Duc de
Noailles, alors Comte d'Ayen, lui confia les fe-
crets de l'Etat, & l'attacha à la fuite de fon petit-
fils ; on applaudit au choix du Prince, Noailles le
juftifia. Le poifon des plaifirs qui circule autour du
Trône & des Courtifans, n'altéra point la trempe

de fon ame. De retour en France , il traça un tableau fidéle du génie , du caractere , des fentimens
de la Nation Efpagnole.

La guerre , pour la fucceffion , recommença
avec plus de fureur ; le Duc de Noailles fuivit à la
tête de fon Régiment le fort de nos armes en Allemagne , fe diftingua à la bataille de Fredelinghuen ,
gagnée par le Maréchal de Villars. Louis XIV le
rappella d'Allemagne , pour lui donner le com-
mandement en Chef des Troupes qu'il envoyoit en
Rouffillon , contre les Catalans rebelles. Ce Pays
étoit épuifé de vivres & d'argent ; la Cour de France
preffée de tous côtés , ne fourniffoit que de légers
fecours au Duc de Noailles ; toutes fes reffources
étoient dans fon courage & fon génie , cependaut
il furmonta les obftacles , leva des Troupes à fes
dépens , & fur fon crédit , couvrit notre Pays , fe fit
admirer du Peuple qu'il combattoit & de celui qu'il
fervoit. Les Anglois ayant fait une defcente au
Port de *Cette* , menaçoient d'inonder la Provence ;
le Duc de Noailles , inftruit du danger que couroit
cette Frontiere , abandonna la Catalogne , vola
aux Infulaires , les força de regagner leur Ifle.

Louis XIV , malheureux prefque par-tout où il
étoit attaqué , vit le moment où il feroit forcé de
faire la guerre à fon propre fang. Jamais Prince
n'avoit fait paroître tant de fierté , jamais Prince
n'avoit été fi humilié. Le Duc de Noailles qui ju-
geoit en politique profond , quel feroit le terme
de cette querelle , repréfenta avec force l'opprobre

dont la France fe couvriroit, en abandonnant Philippe; fes difcours étoient fes difcours d'un homme
perfuadé; il perfuada, Philippe refta fur le Trône,
& fut redevable au Duc de Noailles de fa couronne. Il fervit le Roi d'Efpagne de fon bras, &
par fes confeils: l'hiftoire a confacré la prife de Gironne; un événement qui eut tant d'influence fur
les affaires de ces tems-là, méritoit de faire époque.
Le Duc de Noailles s'y comporta avec une bravoure
que Philippe jugea digne de la plus flatteufe récompenfe. Les pluies avoient interrompu la communication des Quartiers; pour aller à l'ennemi, il falloit d'abord combattre & vaincre la nature. Nous
devons convenir, à la gloire des Officiers François,
qu'ils partagerent avec lui l'honneur de cette affaire.
Il retourna en France, Grand-d'Efpagne, titre qui
releve le mérite, & humilie la baffeffe, pour laquelle
il devient toujours une ufurpation.

L'orage fe calma enfin en Europe, Louis XIV
mourut, & laiffa le Royaume chargé de dettes. Philippe d'Orléans, appellé à la Régence pendant la
minorité, s'occupa des moyens de fermer les plaies
de l'Etat; nos maux étoient prefque fans remede.
On donna au Duc de Noailles la Préfidence du
Confeil des Finances. Je ne rappellerai point toutes
les opérations de la Régence, auxquelles il eut la
plus grande part. Il fuffit de tracer celles où fon
génie fe développa tout entier. En 1717, le Régent
ayant appellé extraordinairement au confeil les
hommes les plus diftingués du Royaume, par

leur rang & par leur mérite, le Duc de Noailles fut chargé de faire un rapport exact de tout ce qui regardoit la Finance.

Il commença par développer les revenus de l'Etat, leur nature, en quoi ils confiftent, quelle eft leur origine; il remonta à la mort de Louis XIV, examina quels étoient pour lors les revenus du Prince, les compara avec les dettes dont on étoit chargé, & rappella toutes fes opérations qui s'étoient faites dans le Confeil des Finances, depuis fon établiffement; le célèbre Colbert, avec la meilleure volonté, & les plus grandes vues, n'avoit pû venir à bout d'éteindre la taille arbitraire : tant les abus une fois accrédités font difficiles à déraciner. L'Abbé de *Saint-Pierre*, ce Citoyen vertueux, louable par le bien qu'il fit, & plus encore par celui qu'il voulut faire, imagina le projet d'une taille réelle qui affureroit la fortune des Cultivateurs. Les avantages de cet impôt n'échapperent point au Duc de Noailles, il les développa, le plan fut adopté.

Pour appliquer des remedes falutaires aux maux dont la France étoit affligée, il étoit important que l'on en connût la fource. Le Duc de Noailles la trouva dans la multitude d'alliénations faites fur l'Etat, lefquelles forment une efpèce de bien qu'on n'acquitte qu'aux dépens des véritables richeffes, & qui font une charge permanente pour les Peuples, dans les Traités extraordinaires qui dépouillent les Citoyens, non-feulement de leur revenu, mais même de leur capital, dans l'inégalité des impositions, dans le peu de soin qu'on avoit pris à soutenir le change avec l'Etranger, dans la multitude d'Offices nouveaux, dans la révocation de l'Edit de Nantes, qui avoit arraché à la Patrie tant de bras utiles, qu'il lui importoit si fort de conserver.

L'ordre commençoit à renaître dans les Finances, lorsque *Law*, fabriqua ce fameux systême destructeur, & pere en même tems de tant de fortunes. Le Duc de Noailles lutta contre, il éprouva qu'on devient quelquefois coupable, en se refusant aux malheur de sa Patrie ; ainsi sacrifié à l'Etranger, idole passagere de la Nation, il alla dans la retraite cultiver des vertus dont il ne rougissoit point à la Cour ; son exil ne fut pas de longue durée, mais la honte qui en retomba sur les Auteurs sera éternelle.

L'Europe jouissoit depuis vingt ans d'une paix profonde. Chaque Puissance avoit eu le tems de réparer ses pertes & ses forces. La mort du Roi de Pologne ralluma la guerre ; le Duc de Noailles reparut aussi-tôt sur la scene militaire, & commanda un Corps séparé, sous les ordres du Maréchal de *Bervick*. La déroute des Ennemis aux lignes d'*Etlinghen* fut son ouvrage. Le siége de Philisbourg, où *Bervick* fut tué, suivit de près cette journée. Le Duc de Noailles reçut dans le même tems le bâton de Maréchal, commanda les armées du Haut & Bas-Rhin, rassura nos conquêtes, & força l'ennemi d'abandonner *Vorms* : on lui donna, l'année suivante, la conduite de l'armée d'Italie ; il ne falloit pas moins d'adresse pour lever les difficultés que les Cours de Turin , de Madrid & de Verfailles avoient fait naître , qu'il falloit de courage pour vaincre les Autrichiens. Le Maréchal fit jouer les refforts de la politique , accorda les Alliés, força fans coup férir les ennemis à évacuer l'Italie. De retour en France , on lui fit un crime d'avoir été trop humain ; il n'oppofa aux reproches que fes fervices : belle maniere de fe défendre ! Les contributions levées fur la Lombardie , avoient défuni les Alliés dès le commencement de la guerre. Lorfque l'Autriche entra en poffeffion de cette Province , les conteftations furent encore plus vives. Louis XV. crut que perfonne n'étoit plus propre à diffiper ces nuages , que le Maréchal de Noailles. Il le chargea de ce foin ; & bientôt il ne fubfifta aucunes traces de divifion.

Je paffe fous filence ce qui ne peut fixer l'attention de la poftérité. La paix de Vienne ne dura pas long-tems. Nos fuccès en Bohême , & les défaftres qui les fuivirent de près , font affez connus. Le Duc de Noailles n'avoit pas été d'avis que nos Troupes fuffent tranfportées fous ce ciel étranger. D'autres idées prévalurent. Dans ces circonftances critiques, Louis XV l'envoya commander une Armée dans la baffe-Alface, où tout étoit dans le plus grand défordre. Le Maréchal fut maître de la campagne ; par fes manœuvres fupérieures, il côtoya l'Armée du Roi d'Angleterre , qui avoit le Mein entr'elle & les François. Il lui coupa les vivres en s'emparant des paffages au-deffus & au-deffous de leur camp. Les

Anglois poftés dans Achaffembourg , fe trouvoient
bloqués par notre Général. La difette des vivres &
des fourages fut fi grande dans leur camp , que le
Soldat fut réduit à la demi-ration par jour , & que
l'on propofa de couper les jarrets aux chevaux. Ils
ne pouvoient fe tirer du mauvais pas où on les avoit
conduits , fans s'expofer à une entiere défaite. Le
Maréchal avoit pourvu à tout. Nous touchions au
moment décifif qui alloit mettre fin à la guerre , &
contrebalancer nos pertes précédentes en Boheme &
en Baviere. Mais , comme a fort bien dit M. de
Noailles lui-même, les événemens font au-deffus du
pouvoir des hommes ; un moment , une méprife fait
changer la face des affaires. La précipitation d'un
Lieutenant-Général , détruifit le fruit de toutes ces
fages difpofitions. Un jour , qui devoit être fi glorieux à la France , & fi cher à la mémoire du Duc
de Noailles , fut un jour marqué par la perte d'un
grand nombre d'Officiers , dont la bravoure méritoit d'être couronnée par la Victoire. Nous n'entrerons point dans les détails de cette journée ; nous
donnons un précis de la vie du Maréchal, mais nous
n'écrivons point fon hiftoire. Les Troupes de Baviere fe réunirent peu de tems après à celles qu'il
commandoit. Il pourfuivit la campagne comme il
l'avoit commencée , toujours avec des vues fages
& bien combinées , fe pofta dans des lieux avantageux , & fit face à deux Armées. La campagne fuivante vit le Roi à la tête de fes Armées. La fortune
du Prince fut confiée au Maréchal de Noailles. Le

premier coup d'effai de Louis , fut la prife de plufieurs villes. Pendant qu'on conquéroit la Flandre ,
le Prince Charles paffoit le Rhin , & effrayoit nos
Provinces. Le Roi abandonna auffitôt fes conquêtes , pour voler au fecours de l'Alface. Ce trajet eft
l'époque de fa maladie à Metz. Le Prince Charles
pourfuivi par le Duc de Noailles , repaffa le Rhin ;
mais toujours en grand Capitaine , qui fait également l'art des retraites favantes & des attaques har-
dies. Un Sujet du Roi de Pruffe ofa infulter au
Maréchal , qui fe juftifia en envoyant au Prince un
Mémoire détaillé de ce qu'il avoit fait de jour en
jour , heure par heure. Ce qui doit nous rendre à
jamais précieufe la mémoire du Duc de Noailles ,
c'eft le foin qu'il prit à faire donner le commande-
ment de nos Armées au Comte de Saxe , ce trait ,
aux yeux du Philofophe , vaut cinquante batailles ga-
gnées. Reconnoitre ainfi publiquement la fupériorité
d'un rival , faire valoir fes talens aux dépens de fa
propre gloire , c'eft le comble de l'héroïfme. Le
Héros Saxon ne fut point ingrat ; la reconnoiffance
n'eft jamais un fardeau pour une belle ame. La
France ignore que le Maréchal , à l'infu du Miniftere , engagea le Roi de Pruffe à rompre la paix
qu'il avoit faite avec la Reine de Hongrie , & qui
nous étoit fi fatale. Ce trait ne devoit point être ou-
blié dans fon éloge ; mais elle fait qu'il traça de
concert avec le Maréchal de Saxe , le plan de la bataille de Fontenoi. Son Ambaffade extraordinaire
en Efpagne , fut fon dernier coup d'éclat. Il fe

contenta dans la fuite, de propofer fes vues au Confeil, lefquelles furent quelquefois fuivies, & très-
fouvent ne le furent pas. En 1756, confulté fur ce
qui concernoit la guerre qui venoit de fe déclarer, il
traça un plan qui fut fuivi dans les commencemens.
La prife de Minorque, le combat naval gagné en
furent le fruit & en juftifierent la fageffe. Plût à
Dieu que fes idées n'euffent point été contrebalan-
cées. Il quitta dès-lors le Confeil : il venoit de fe
démettre de fa Compagnie des Gardes-du-Corps,
que le Roi donna à fon fils le Duc d'Ayen, aujourd'hui le Duc de Noailles. Trois ans avant fa
mort, il abandonna le Tribunal des Maréchaux de
France, à la tête duquel il étoit comme Doyen.
Tous ces facrifices lui coûterent peu. Il ne tenoit
aux dignités, qu'autant qu'elle lui procuroient l'occafion d'être utile. Les écrits que nous avons lûs du
Maréchal, refpirent par-tout la vertu, l'amour des
loix & de la patrie, le bien de l'humanité, le zele le
plus ardent pour la gloire & les intérêts du Roi ; en-
forte qu'on pourroit graver ces mots fur fa tombe :
Nemini nocuit, & omnibus profuit.

F I N.